AF392696

¿CÓMO SOBREVIVIR AL ESTRÉS?

ExLibric

LEOPOLDO CEBALLOS DEL CASTILLO

¿CÓMO SOBREVIVIR AL ESTRÉS?

Manual para reducir el impacto
del estrés sobre el organismo

Manuales de consciencia y salud – volumen II

EXLIBRIC
ANTEQUERA 2020

¿CÓMO SOBREVIVIR AL ESTRÉS?
Manual para reducir el impacto del estrés sobre el organismo
Manuales de consciencia y salud – volumen II
© Leopoldo Ceballos del Castillo
    leopoldo.ceballos@cop.es | www.manualesdeconscienciaysalud.es
    www.psicologodomiciliomadrid.es | www.terapia-regresiva-madrid.es
Diseño de portada: Dpto. de Diseño Gráfico Exlibric

Iª edición

© ExLibric, 2020.

Editado por: ExLibric
c/ Cueva de Viera, 2, Local 3
Centro Negocios CADI
29200 Antequera (Málaga)
Teléfono: 952 70 60 04
Fax: 952 84 55 03
Correo electrónico: exlibric@exlibric.com
Internet: www.exlibric.com

ISBN: 978-84-18230-09-7
Depósito Legal: MA-373-2020

Nota de la editorial: ExLibric pertenece a Innovación y Cualificación S. L.

LEOPOLDO CEBALLOS DEL CASTILLO

¿CÓMO SOBREVIVIR AL ESTRÉS?

Manual para reducir el impacto
del estrés sobre el organismo

Manuales de consciencia y salud – volumen II

Prólogo

Suena el despertador y la carrera comienza: la ducha, el desayuno, salir de casa y que no haya mucho tráfico ni huelga de autobuses, que no haga demasiado frío ni haya demasiada humedad…; el día a día, el trabajo, la familia, los amigos, los compromisos…, y al final no puedo más: llego a casa y solo tengo ganas de tumbarme en el sofá, aunque no siempre es posible porque, claro está, no voy a dejar de hacer lo que tenía previsto, «eso sería impensable». Hasta que me doy cuenta de que el estrés se ha convertido en una rutina y no soy capaz de salir de él, es como un bucle en el que estoy encerrada y sin salida. Soy consciente de que esta situación no es buena para mí, con una enfermedad crónica y autoinmune: me encuentro peor, más cansada, aumentan mis crisis y los brotes de la enfermedad son cada vez más fuertes. No puedo seguir así.

En ese momento es en el que leo el manual de Leopoldo Ceballos y empiezo a reconocer en sus líneas mis vivencias, las situaciones a las que me someto a diario; sigo leyendo y empiezo a comprender el origen de mi estado de ánimo, mi ansiedad, mi cansancio…; pero lo mejor es cuando llego hasta el final del texto y me doy cuenta de que me ha facilitado las estrategias que puedo utilizar para minimizar e incluso evitar las situaciones de estrés que vivo a diario. Padezco una enfermedad rara y auto-inmune llamada esclerodermia y actualmente soy la presidenta de la Asociación Española de Esclerodermia. Para nosotros, el texto de nuestro amigo y colaborador Leopoldo constituye un tratado básico de cómo evitar situaciones que empeoran nuestro estado de salud, algo realmente importante para nosotros y que puede ayudar enormemente a mejorar nuestra calidad de vida.

Gracias, Leopoldo, por esta gran aportación, por tu desinteresada colaboración con nosotros desde hace tiempo y sobre todo por habernos concedido el honor y el placer de escribir este prólogo para tu manual sobre cómo reducir el impacto del estrés sobre el organismo y darnos pautas para sobrevivir a este.

M.ª Teresa Bello Muñoz,
presidenta de la Asociación Española de Esclerodermia

Índice

Introducción

El estrés, como todos ya sabemos, afecta a nuestra vida de diferentes formas: nos hace estar irascibles, realizar conductas no deseadas, sentir malestar corporal, ansiedad, etc.; pero tras estos comportamientos y síntomas se esconde una realidad mucho más dañina. Un estrés prolongado, ya sea intenso o moderado, produce un desgaste en el cuerpo que provoca daños irreparables, siendo la causa de dolores musculares y articulares, cefaleas, problemas digestivos y de piel, enfermedades de tipo autoinmune e incluso cáncer.

En este manual aprenderemos de qué forma afecta a nuestro organismo y, gracias a esta comprensión, definiremos las pautas necesarias para que se reduzcan los dolores, los problemas de digestión y cutáneos, se minimice el impacto de las enfermedades autoinmunes y dispongamos de un aliado en la lucha contra el cáncer. Como resultado, obtendremos pautas específicas que implicarán una reducción del estrés y una importante mejora en la calidad de vida.

¿Qué sucede en nuestro cuerpo cuando sufrimos estrés?

Cuando se vive una situación de estrés, ya sea puntual o mantenida en el tiempo, nuestro organismo activa los elementos necesarios para garantizar la supervivencia y optimizar el rendimiento, preparándonos para que, en caso de que exista un conflicto, tengamos disponibles los recursos necesarios para atacar, defendernos o huir. Para entender este concepto, debemos remontarnos a nuestros más primitivos ancestros: los peces y los reptiles. En la vida de estos animales, disponer de un sistema de activación rápida para enfrentarse a los peligros o huir de ellos supuso una ventaja evolutiva importante; de su eficiencia dependía la supervivencia. Durante millones de años la evolución se encargó de mantener activo este sistema y perfeccionarlo, y el resultado, nuestro magnífico organismo, es un ejemplo maravilloso de supervivencia autónoma; podemos sufrir diferentes tipos de agresiones físicas, accidentes, situaciones hostiles como sequías y hambrunas, o largos periodos de tiempo sin dormir y nuestro organismo responderá con una eficiencia espectacular, permitiendo que sobrevivamos a la mayoría de situaciones que nos sucedan en la vida.

De esta importante labor se encarga el **sistema neurovegetativo**, también conocido como **sistema nervioso autónomo**, que, como su propio nombre indica, es *autónomo*, independiente de nuestra consciencia y voluntad. Se encarga de hacer que la supervivencia sea posible y de mantener el equilibrio del cuerpo ante los diferentes retos, activando y desactivando sin un control consciente muchas funciones diseñadas para mantenernos con vida. Este sistema es el responsable de prepararnos para el enfrentamiento o la huida en caso de un conflicto. Entre otras cosas se encarga de:

- alterar el ritmo respiratorio y la eficiencia de los bronquios para garantizar la presencia de oxígeno en sangre y la eliminación del dióxido de carbono;
- alterar el ritmo cardíaco para acelerar la circulación sanguínea y, de esta forma, garantizar la entrega de oxígeno y otros elementos a todos los órganos del cuerpo;
- reducir funciones reproductoras, interrumpir el embarazo y el ciclo menstrual, reducir la calidad del esperma y el mantenimiento de los órganos y las funciones sexuales; todo ello para optimizar los recursos, dejando la función reproductiva en segundo plano;
- reducir la función digestiva: con el estrés nuestros intestinos reciben menos recursos para realizar la digestión, ya que es una función secundaria;
- producir una vasodilatación arterial, aumentando el volumen de la sangre que puede circular a través de las arterias, que son las encargadas de transportarla, cargada de oxígeno, a las diferentes partes del cuerpo, en especial hacia los órganos principales: corazón, pulmones, cerebro, hígado, etc.;
- aumentar las reservas de sangre en el bazo;

- provocar una vasoconstricción, disminuyendo el volumen de sangre en órganos secundarios como los intestinos, los órganos reproductores y también en las extremidades;
- enriquecer la sangre, además de con un extra de oxígeno, con glucosa para ser consumida por los músculos;
- tensar la musculatura y prepararla para la acción;
- y aumentar los efectivos del sistema inmune y disponerlos para combatir una posible infección originada por alguna herida consecuencia del conflicto.

Todo esto se une a una gran cantidad de hormonas encargadas de transmitir las órdenes de activación y desactivación a los diferentes órganos. Las hormonas son los mensajeros químicos de nuestro organismo y durante el periodo de estrés aumentan considerablemente, ya que son las encargadas de activar gran parte de los cambios que hemos visto. Las funciones cerebrales también se ven alteradas y existe un incremento de neurotransmisores y de actividad neuronal, forzando cambios de percepción en los sentidos y alterando la memoria, aprendizaje, gestión de emociones, etc.

Este proceso tiene un coste altísimo para el organismo y genera un gran desgaste en todos los órganos. Cuando se mantiene el estrés durante mucho tiempo, nuestro cuerpo empieza a fallar y se producen problemas orgánicos, musculares, circulatorios, digestivos, sexuales, conductuales, etc. Podemos concluir que el estrés es el coste que tiene para el organismo el seguir funcionando a pesar de sufrir las agresiones o situaciones difíciles; es decir, el coste de todo lo que tiene que hacer para mantenernos con vida ante la adversidad.

El fallo que tiene este magnífico sistema es que no distingue entre problemas de supervivencia real y problemas emocionales intensos, respondiendo de igual forma en ambos casos. Para el organismo, el ataque de un león, la muerte de un ser querido o la traición de la pareja sentimental generan un desajuste similar: ante todos ellos se activa el nivel de alerta y, por consiguiente, todos los recursos para sobrevivir. Además, como el cuerpo piensa que estamos en una situación de vida o muerte, no existe preocupación por el futuro más allá de la supervivencia; no importa el desgaste de los órganos o los daños físicos que se puedan sufrir. Esto significa que, cuando sufrimos estrés, nuestro cuerpo lo da *todo* para ayudarnos a superar el problema, aunque sea a costa de un fallo orgánico y una enfermedad a corto o medio plazo.

Autocontrol: el origen y la solución al problema

En primer lugar tenemos que entender qué es autocontrol; partiremos de lo que se sabe comúnmente: *«El autocontrol es lo que impide que me coma toda la bolsa de patatas»*, *«Es lo que evita que rompa el ordenador cuando no funciona bien»*, *«Es lo que me permite no gritar a mi hijo cuando estoy enfadado y hace una trastada»*, *«Es lo que evita que responda violentamente cuando me insultan»*, *etc.* El autocontrol, entonces, es *algo* que usamos para *no* hacer lo que una parte de nuestra mente o cuerpo desea y que otra, más racional, prefiere evitar porque piensa en las consecuencias. Volviendo al primer ejemplo, cuando estamos degustando una sabrosa bolsa de patatas fritas y nuestro cuerpo, gracias a los potenciadores del sabor y otros ingredientes, desea continuar comiendo eternamente, el autocontrol nos permite parar y no acabar con toda la bolsa; esa parte racional nos recuerda que es malo comerse todas las patatas. Este *algo*, que a partir de ahora voy a identificar como *energía*, también evita que nos desahoguemos con gritos e insultos cuando llega una tarea importante cinco minutos antes de salir del trabajo: nos ayuda a pensar las cosas dos veces antes de hacerlas o decirlas, a guardar nuestra opinión, a no expresar un sentimiento, a perdonar, a sonreír cuando todo va mal, a no golpear a personas o cosas cuando estamos enfurecidos, etc.

El autocontrol es una energía que aumenta o disminuye según la gastemos o recarguemos.

Funciona como la batería de un dispositivo electrónico: cuando esté bajo seremos incapaces de controlarnos, pero cuando esté alto resultará muy fácil reprimir todas esas conductas que no deseamos realizar. De esta reflexión surgen varias preguntas: **¿cuánto dura esa batería? ¿Cómo se recarga? ¿Cómo se gasta?** Intentaremos dar respuesta a todas ellas en las siguientes líneas.

Pongamos que tu batería tiene diez puntos de carga, es decir, la máxima carga es de diez. Entonces, **¿con cuánto autocontrol te levantas por la mañana?** La respuesta parece depender, principalmente, de si pasas buena o mala noche: si has dormido mal tendrás menos energía que de haberlo hecho correctamente. Normalmente, todo el mundo responde a esta pregunta indicando que se despierta con ocho o diez puntos de autocontrol; entonces, llega la segunda pregunta: **¿con cuánto autocontrol te levantarías en unas vacaciones ideales?** En vacaciones nos despertamos con más capacidad para soportar las adversidades de la vida; lo que en nuestro día a día supone un problema, durante el periodo de descanso pasa a ser algo sin importancia. Pero, si durante las vacaciones te levantas con diez puntos de autocontrol, entonces, **¿con cuánto autocontrol te levantas *en realidad* por la mañana?** Pues normalmente te levantas con cinco o seis puntos. Esto es un ejemplo, pero es una respuesta muy común que recibo cuando trabajo con mis clientes y entiendo que es algo bastante normal y aplicable al resto de la población. También veremos que esto solo es una percepción y que, en verdad, todos nos levantamos con diez puntos cuando hemos pasado una buena noche; lo trataremos más adelante.

¿Cómo se gasta el autocontrol?

Esta energía se gasta con cada situación que requiera una gestión emocional. A mí me gusta llamar a estas *«estúpidos diarios»*, ya que es algo muy gráfico. Por ejemplo, sí estoy conduciendo y un estúpido se salta un semáforo poniéndome en una situación apurada, el mero hecho de no gritarle o agredirle hace que pierda un punto de autocontrol; he necesitado cierta energía para controlar mis impulsos: *«¡Menuda faena! ¡Al salir de casa tenía seis puntos y ahora solo me quedan cinco!»*. Cuando llego al trabajo, alguien ha ocupado mi plaza de garaje o me ha dejado un sitio insuficiente para aparcar y tengo que perder diez minutos buscando una nueva: ahí pierdo otro puntito. Si no funciona el ordenador pierdo otro y si un cliente me grita pierdo otro más; si se cae café encima del teléfono, no me han mandado ese correo tan urgente o me obligan a hacer un trabajo que yo creo que no me corresponde, acabo por perder todos mis puntos y termino la mañana con mi batería de autocontrol vacía. Cada problema que surge en nuestro día a día requiere una energía extra, ya sea para controlar mis emociones, planificar nuevas estrategia o enfrentarnos a personas o situaciones que no deseamos, etc.

Responde a la pregunta antes de continuar: ¿qué problemas o situaciones te suelen quitar más energía durante el día?

También gastamos esta energía cuando nos preparamos para abordar un problema: esta anticipación es la causa de percibir que tenemos más autocontrol durante las vacaciones que en los días laborales. Al despertarnos, si hemos dormido bien, todos disponemos de una carga completa de autocontrol, es decir, con diez puntos. En nuestro día a día hemos de enfrentarnos a ciertos problemas y nuestra mente reserva, al despertarse, la energía necesaria para solucionarlos; durante las vacaciones, en cambio, no tenemos muchas cosas de qué preocuparnos y nuestra mente no necesita reservarla, de forma que nos sentimos con más autocontrol. Por ejemplo, yo hoy me despierto, como todos los días, con diez puntos de autocontrol; como tengo una reunión importante en el trabajo, me reservo dos puntos, de forma que, aún sin haberlos gastado, yo ya sé que solo me quedan ocho. Si, además, mi hijo tiene un problema en el colegio, reservo otros dos puntos para ese tema y, si me siento culpable porque hace un mes que no llamo a mi padre, reservo otro para no percibir esta culpa durante el día. En total, he perdido o reservado nada más despertarme cinco puntos, por lo que solo me quedan otros cinco para abordar el resto del día. Normalmente durante las vacaciones no tenemos tantos problemas inmediatos que solucionar y, por tanto, nuestra percepción del autocontrol es distinta.

Responde a la pregunta antes de continuar: ¿en qué pierdes tu autocontrol nada más despertarte?

¿Qué sucede cuando se agota el autocontrol?

Hemos visto que los diferentes eventos que acontecen en nuestra vida pueden condicionar nuestra capacidad de reacción, alterando nuestra reserva energética y haciendo que, cuando esta se acaba, seamos incapaces de controlar ciertas conductas o impulsos. Aparentemente, esta es la única consecuencia de la pérdida de esta energía, pero nada más lejos de la realidad: cuando nuestra mente no dispone de energía suficiente para afrontar un reto emocional pueden suceder dos cosas.

Por un lado, **si _no_ consideramos importante afrontar ese reto**, simplemente dejaremos que la conducta a evitar se ejecute y tampoco nos importará que ciertos impulsos se manifiesten. Si el impulso consiste en fumarse un par de cigarrillos, no le daremos más importancia y permitiremos que suceda; si la conducta consiste en insultar o gritar a un ser querido y estamos acostumbrados a ello, lo haremos sin más preocupación. En este grupo están todas aquellas acciones y conductas, que, **aun sabiendo que no son buenas, nos permitimos sin tener en cuenta las consecuencias**. Es obvio que todas estas conductas son contraproducentes a corto, medio o largo plazo; pero no vamos a darles más importancia en este libro.

Por otro lado, **si gestionar la emoción es un asunto de vital importancia**, podemos disponer de una reserva extra de energía. Esto puede ocurrir cuando nos vemos obligados a hacer horas extra en el trabajo y **no podemos** desahogarnos con nuestro jefe, ya que tememos ser despedidos; también sucede cuando tenemos mandatos internos que nos obligan a no expresar nuestras emociones o a poner por delante las necesidades de los demás (ver capítulo «mandatos internos»). En este grupo están todas aquellas emociones **que «nos tragamos», ya sea de forma obligada, por miedo a represalias o voluntariamente por un mandato, una creencia personal, una necesidad de no hacer daño, etc.**; en estos casos podemos ganar puntos extra de autocontrol pidiéndole energía a nuestro organismo. El cuerpo humano guarda unas reservas energéticas para ocasiones especiales que, como hemos visto antes, son de vida o muerte: accidentes, defenderse de una agresión, etc. Cuando le pedimos esta energía al cuerpo, estamos activando, sin ser conscientes, nuestro sistema de alerta y nuestro cuerpo interpreta que estamos ante una situación de peligro. Entonces, nuestro organismo, que no distingue entre una situación de vida o muerte o que me despidan del trabajo, aumenta su nivel de respuesta inundando el torrente sanguíneo de hormonas que mejoran nuestra fuerza y percepción, aumentando el metabolismo y forzando los órganos internos. Nuestro cuerpo, al sentir la situación de peligro, reacciona sin importarle el precio que ha de pagar para obtener esa energía que se le está pidiendo. Esta respuesta de nuestro cuerpo es excelente para afrontar una situación peligrosa, pero es excesiva para muchos otros casos. El resultado de este proceso es un puntito extra de autocontrol, pero con un coste muy alto para el organismo.

Consecuencias de la pérdida de autocontrol

Existen formas para recuperar la energía de autocontrol que no requieren de este tremendo gasto energético y que son indudablemente más sanas; nos ocuparemos de ellas un poco más tarde. Con esto simplemente quiero indicar que el autocontrol se puede recargar, pero el cuerpo no: el ser humano está preparado para realizar esta tarea de supervivencia un número determinado de veces según aguanten los órganos internos el sobreesfuerzo. Pongamos, por poner un número redondo, que un organismo estándar pueda realizar este proceso un millón de veces. Cuando lo haya realizado en 250.000 ocasiones, comenzarán a notarse el desgaste y el cansancio, y se empezarán a sentir los primeros síntomas de un estrés prolongado: surgirán problemas gástricos, acidez, digestiones pesadas, gases horriblemente apestosos, problemas de tensión arterial, problemas de piel, etc. Cuando el proceso se haya realizado 500.000 veces, los órganos internos tendrán ya un desgaste importante y empezaran a surgir otro tipo de problemas, como son las enfermedades autoinmunes. Cuando el sobreesfuerzo se haya realizado 750.000 veces, el cuerpo estará completamente agotado y no tendrá apenas capacidad de reacción: surgirán entonces enfermedades más graves como, por ejemplo, el cáncer.

Existen numerosos estudios que asocian un alto nivel de estrés o uno prolongado con la aparición de enfermedades cardiovasculares, cerebrovasculares, inmunológicas, psicosomáticas y el cáncer. Este estrés se produce, como ya hemos tratado, cuando hay una gestión ineficiente de nuestra energía y está asociado directamente a la forma en la que gestionamos nuestros problemas y emociones. En psicología, existe una clasificación según tres tipos de personalidad: personalidad tipo A, personalidad tipo B y personalidad tipo C; a decir verdad existen varios tipos de clasificaciones, pero, para este libro, nos interesa en especial esta división. Cada una de ellas representa una forma diferente de abordar los problemas y la gestión de emociones.

- **La personalidad tipo A** está asociada a personas con conductas de autocrítica, autoexigencia, impaciencia, ambición y competitividad; en este grupo existe un mayor consumo de alcohol y tabaco, y está asociado a enfermedades de tipo cardiovascular.
- En **el tipo B de personalidad** se incluyen todas las personas con un patrón conductual caracterizado por incluir la paciencia, la reflexividad y la emotividad, haciendo su gestión de emociones más equilibrada y, por tanto, con menos riesgos de padecer enfermedades asociadas al estrés.
- Finalmente, tenemos el grupo de personas con **personalidad tipo C**, cuyo rasgo distintivo conductual es la manifestación incorrecta de emociones, principalmente por no exponer sus opiniones, ignorar o no exteriorizar sus sentimientos, en especial la ira, y no tener en cuenta sus propias necesidades; es decir, con baja asertividad, docilidad y búsqueda de armonía. Para este grupo existe

un alto riesgo de sufrir enfermedades psicosomáticas, autoinmunes y cáncer.

A la vista de lo explicado, podemos concluir que el autocontrol tiene una función de **amortiguación emocional** que, además, evita los daños que el estrés puede ocasionar a nuestro cuerpo. Entender el funcionamiento de este sistema de amortiguación es clave para no sufrir las consecuencias o evitarlas en cierto modo. En muchas ocasiones las personas que veo en consulta reniegan de esta verdad: muchas consideran que alcanzar los objetivos laborales o vitales y hacer caso a los mandatos internos es más importante en la vida; manifiestan que son fuertes y saben perfectamente cuándo parar y cuándo descansar. Por otro lado, sufren dolores sin causa médica aparente, hipertensión arterial, problemas digestivos, para controlar la ira, insomnio, problemas sentimentales, de alimentación, de piel o cualquier tipo de enfermedad autoinmune; rasgos comúnmente asociados a los primeros daños del estrés continuado.

Me gusta entonces explicar el examen de graduación que reciben los soldados y las fuerzas especiales de algunos ejércitos del mundo: durante la prueba final, se realiza una carrera muy exigente con mochilas de alto peso y muchos obstáculos difíciles de flanquear. Muchos candidatos llegan hasta la meta, pero entonces se enfrentan a un nuevo reto: el personal médico hace una radiografía de sus piernas con la intención de localizar microfracturas en los huesos. Los músculos son los amortiguadores del cuerpo, por lo que cada vez que damos un paso amortiguan el peso que recae sobre nuestros huesos; cuando los músculos están agotados, son incapaces de cumplir con la tarea: entonces, comienza a producirse un tipo de dolor muy característico en las piernas, señal inequívoca de que el músculo ha dejado de funcionar eficientemente y que el hueso está soportando gran parte del peso del cuerpo; es entonces cuando se producen las microfracturas. La presencia de estas lesiones en el hueso supone la descalificación inmediata de ese candidato, debiéndose presentar al año siguiente. Esto es así porque un soldado debe conocer su cuerpo y también debe protegerlo: cuando hay microfracturas, es obvio que el soldado ha sentido ese dolor y ha sido consciente de que sus músculos ya no estaban amortiguando el peso de su cuerpo y, debido a sus ganas de aprobar el examen, ha permitido que el hueso soporte una carga excesiva que le ha generado un daño. Esto en una prueba no tiene importancia, pero, en el campo de batalla, llevar al organismo a su extremo es peligroso para el propio soldado, su equipo y la misión: permitir que el organismo sufra daño para alcanzar un objetivo no se asocia al éxito, sino al fracaso. De igual forma, el autocontrol es el amortiguador emocional que usa nuestro cuerpo para no tener que activar sus alertas y los procesos de supervivencia asociados.

Permitir que nuestro cuerpo sufra un estrés innecesario para alcanzar un objetivo es un fracaso a largo plazo, salvo en situaciones de vida o muerte.

El objetivo de este manual es enseñar una serie de herramientas que ayuden a recargar nuestra energía y, por tanto, hacer más eficiente nuestro sistema de amortiguación emocional; asimismo, se mostrarán las claves para evitar el gasto innecesario de esta energía de amortiguación. Con estas, soportaremos mejor el estrés, evitaremos daños físicos producidos por el mismo y reduciremos el impacto que tienen sobre nuestras vidas las enfermedades autoinmunes en el caso de que ya se hayan producido.

Comparemos el autocontrol con una piscina: si tengo una que pierde agua, para mantener su funcionamiento y poder bañarme con tranquilidad es tan importante localizar la causa de la pérdida como rellenarla constantemente hasta que solucionemos el problema. Si no buscamos una solución, a la larga habremos desperdiciado mucha agua y gastado recursos sin ningún beneficio. En caso de no rellenar la piscina, no podremos hacer uso de ella, de forma que el problema se ha de abordar de dos formas diferentes para garantizar el funcionamiento y minimizar la pérdida de recursos. Veamos cuáles son las causas probables de la pérdida de esta energía y la forma más eficiente para recargarla.

¿Cómo recargar el autocontrol?

Asumiendo la metáfora que asocia el autocontrol con una batería, encontrar formas de recargarlo conseguiría que nuestro cuerpo siguiera funcionando en un estado óptimo, sin necesidad de recurrir a los recursos corporales y, por tanto, sin activar las *alertas* que disparan nuestro estrés. Existen varias formas de conseguir este propósito:

- dormir;
- relajarse y meditar;
- hacer deporte;
- sociabilizar;
- hacer cosas placenteras o divertidas;
- acicalarse.

Esta lista podría ser más amplia, pero en ella se engloban casi todas las actividades que suelo recomendar. Cada una de estas permite alcanzar un oasis dentro del desierto o la calma durante una tormenta; en definitiva, un espacio para nosotros mismos dentro de la vorágine del día a día. Vamos a analizar cada una de ellas, indicando las diferentes variantes, algunas técnicas para realizarlas correctamente y otros consejos.

Dormir
El sueño es la herramienta que la propia naturaleza usa para recargar el autocontrol y reparar el organismo: es, por tanto,

la base para solucionar todos los problemas tanto energéticos como corporales. Si el sueño no es reparador, nos será mucho más difícil dominar el resto de las técnicas, ya que nos faltará una energía básica que solo se recupera de esta forma.

Existen multitud de causas que pueden afectar al sueño tanto de conciliación como de mantenimiento, pero en esta guía solo nos centraremos en las primeras. La pregunta entonces es: **¿a qué se debe que no puedas dormir?** Las respuestas de casi todas las personas con las que he trabajado se pueden agrupar en dos causas principales: *«mi cabeza no para de pensar»* y *«estoy activo y no puedo relajarme»*.

«Mi cabeza no para de pensar»

Para este problema suelo recomendar una técnica muy sencilla. Cuando nuestra cabeza no para de dar vueltas, existe un pensamiento de fondo que nos dice: *«Por favor, no te olvides de…»* o *«Para solucionar el problema es necesario…»*; es decir, un pensamiento que nos fuerza a repetir para no olvidar, como un pequeño duende que nos ayuda y nos indica lo que tenemos que recordar a la mañana siguiente. Bien, pues la técnica simplemente consiste en hacer caso a ese pensamiento: *«No quieres que olvide, está bien: no lo olvidaré, ya que lo voy a apuntar»*. Anota entonces en un cuaderno u hoja de papel el pensamiento con todas sus variantes; en muchas ocasiones, el mensaje aparece en diferentes versiones y deberemos apuntarlas todas para que nuestro *«Duende de la memoria»* se quede tranquilo. Una vez hemos escrito todo, nuestra mente se relajará y dejará de tener el foco de atención en el pensamiento, ocasión que aprovecharemos para empezar dormir. Es importante no usar un dispositivo electrónico como un teléfono móvil, ya que la luz de la pantalla puede afectar a la conciliación del sueño.

«Estoy activo y no puedo relajarme»

Si al intentar dormir o al despertarte a mitad de la noche sientes que tu cuerpo se está activando, es decir, notas un aumento de la frecuencia respiratoria, malestar o sensación de ahogo en el pecho, piernas o brazos inquietos o incomodidad, significa que tu sistema nervioso se está activando, ya sea por la activación de un miedo, anticipación de una situación, preocupación, etc. En primer lugar, sigue los consejos del párrafo anterior para eliminar cualquier pensamiento de la mente y, a continuación, realiza la siguiente técnica de respiración que ya incluí en el primer volumen de esta colección:

Respira profundamente, llenando los pulmones. Mantén la respiración con los pulmones llenos durante dos o tres segundos. A continuación, vacía lentamente el aire hasta dejar los pulmones completamente vacíos y los mantienes así durante dos o tres segundos, para luego volver a respirar profundamente llenando los pulmones y empezando el ciclo de nuevo.

Esta respiración aplicada durante unos minutos permite disminuir ligeramente el nivel de oxígeno sangre, haciendo que se active naturalmente el sistema parasimpático, que es la parte de nuestro sistema nervioso encargada de rebajar los niveles metabólicos. Nuestro cuerpo reduce el metabolismo al detectar que el principal combustible, que es el oxígeno, empieza a escasear; para ello, anula o ralentiza ciertas funciones, lo cual nos ayuda a relajarnos. Esta respiración, mantenida durante varios minutos, hará que tu cuerpo deje de estar activo. Al principio, el organismo se rebelará e intentará alterar el ritmo de respiración, pero si lo mantienes de una forma forzada e ignorando, en la medida de lo posible, la sensación de ahogo o la necesidad de tomar aire, en muy pocos segundos se activará el sistema parasimpático y podrás relajarte para dormir.

Relajarse y meditar

Son diferentes técnicas cuyo objetivo principal es acercarse al presente y vivirlo sin dejar que el pasado o el futuro interfieran en el pensamiento. Yo, en consulta, suelo transmitir la necesidad de estas técnicas mediante esta explicación:

Imagina que estás en un bosque frondoso, te has perdido y, además, llevas un bebé en tus brazos. La densidad de los árboles no te deja volver al camino y, por otro lado, tú sabes que hay una población muy cercana. El bebé hace tiempo que ha empezado a llorar y tú estás nervioso, necesitas urgentemente encontrar el camino o saber en qué dirección está la ciudad para salir de ese infernal bosque. En ese momento piensas que la mejor solución es trepar a un árbol para poder ver más lejos y así localizar el camino o ver los edificios de la población, pero al subir tienes que dejar abajo al bebé y este podría ser devorado por las fieras del bosque.

Cuanto más alto subes, más lejos ves, pero te alejas de tu realidad. Esto se puede traducir en los momentos de depresión y ansiedad: con la depresión miras al pasado y con la ansiedad miras al futuro; a medida que subes, puedes ver con mayor precisión el pasado y con mayor anticipación el futuro (en esta historia serían el camino y la población), pero te alejas de tu presente (el bebé de la historia). La solución a esta paradoja empieza por saber qué necesita el bebé y a qué se debe su llanto; una vez que el bebé esté calmado, tú dejarás de estar nervioso y podrás pensar con claridad. Además, si llegado el momento tienes que subir a un árbol, podrás subir con más tranquilidad porque el bebé no llora y, de esta forma, no atrae a las fieras. Bien, pues esta tranquilidad se gana con la relajación y la meditación. Estas técnicas hacen que te centres en el presente, alejándote de pensamientos que te obligan a revisar tu pasado o anticipar tu futuro, de esos que te quitan energía. Al centrarte en la tarea de relajación o meditación dejas de perder energía a la vez que la recargas. Estas técnicas solo pretenden traer tu mente a tu realidad presente y afianzar la conexión con tu cuerpo.

Lejos de lo que mucha gente piensa, no requieren mucho tiempo y un trabajo profundo, sino que existen varias formas de meditar y relajarse **casi instantáneas** y que no suponen apenas esfuerzo; veremos ahora algunas.

- **Actividades de precisión:** todas las actividades de precisión que no incluyan una carga de responsabilidad son ideales para la meditación: colorear, pintar mandalas, hacer maquetas, jardinería, pintar figuritas, etc. Cuando nos concentramos en una tarea de precisión, toda nuestra mente se centra y deja de utilizar recursos para otros pensamientos. Normalmente, en cuanto empiezas una de estas actividades, consigues una concentración casi instantánea: dejas la mente en blanco y utilizas todo tu potencial para realizar la tarea lo mejor posible. Cuanta más precisión y coordinación ojo-mano requiera la tarea, mayor será el grado de concentración y, por lo tanto, la profundidad de la meditación.

- **Jugar con animales:** cuando centras toda tu atención en el juego con un perro, un gato o cualquier otro animal, el mundo parece desaparecer. Los animales son excelentes terapeutas por este motivo: viven el presente y alinearnos con ellos mediante el juego permite que dejemos de abstraernos y nos concentremos en el momento actual, en el juego, en la vida, disfrutando de la sucesión de instantes y olvidándonos de todo lo demás.

- **Observar la naturaleza:** este tipo de meditación la hemos realizado todos en algún momento. Puedes observar cualquier cosa que tenga movimiento: el agua, las hojas de un árbol, las hormigas, las nubes, las hojas secas jugando con el viento, etc. Has de dejarte llevar por el movimiento, analizando cada detalle, permitiendo que todos tus sentidos perciban los colores, los sabores, los olores, las texturas, etc.

- **Respiración y latidos del corazón:** esta es una de las formas de meditación más antigua. Consiste simplemente en observar tu respiración, sintiendo cómo el aire entra por la nariz, notando la temperatura que tiene al entrar y cómo cambia esta al salir, concentrándote en la forma en que se hincha tu pecho al llenarlo de aire, descubriendo cada pequeño detalle. Con esta técnica comenzarás a sentir también el latido de tu corazón y puedes notar cómo se siente en las diferentes partes del cuerpo; sorprendentemente, puedes llegar a notarlo hasta en la punta de los dedos de los pies.

- ***Mindfulness:*** es una técnica similar a las explicadas anteriormente. Consiste en centrar el foco de atención en el momento presente, nuestras sensaciones corporales y lo que sucede en nuestro entorno.

- **Relajación muscular progresiva:** es una técnicas de relajación centrada en rebajar la tensión los músculos, paso por paso, empezando desde una parte del cuerpo hasta cubrir la totalidad del mismo. El resultado es una relajación profunda en la que el cuerpo queda como flotando o suspendido.

- **Oración:** el rezo o la oración es una técnica de comunicación de nuestro yo con un ser superior, ya sea un santo, una deidad, nuestro propio yo superior o cualquier otra entidad. Mediante la oración se exploran nuestros pensamientos, su origen, las posibles soluciones, nuestras emociones, el perdón, las necesidades básicas y espirituales, etc. Es un diálogo muy complejo que puede producir un gran crecimiento y una gran paz interior.

Estas y otras técnicas te permiten recargar tu autocontrol: con tan solo quince o veinte minutos podrás reponer gran cantidad de energía. Es un sistema de carga muy potente, equiparable o superior al sueño. A medida que alcanzas un nivel profundo de meditación el tiempo parece dilatarse y, a ciertos niveles, diez minutos de meditación recargan tanta energía como una hora de sueño. La práctica habitual de estas técnicas permite la creación de esquemas neurales específicos, es decir, cuanto más tiempo estés relajado o meditando, más fácil será hacerlo la próxima vez. Es como aprender un deporte: con la práctica mejoras y, además, tu cuerpo parece no necesitar esforzarse para obtener el mismo rendimiento.

Hacer ejercicio físico o practicar un deporte

Esto es algo que mucha gente rechaza por la falta de tiempo o de capacidades, pero hacer ejercicio físico está al alcance de todos. Ejercicio físico simplemente significa movimiento: puede ser más o menos intenso y durante poco o mucho tiempo, pero el resultado siempre es el mismo. El ejercicio más básico es el paseo y sus beneficios para la recarga de energía y el aumento del autocontrol se perciben en tan solo quince o veinte minutos, independientemente de la intensidad o de la velocidad del paso. Esto significa que, **si sientes ansiedad, miedo, rabia o tristeza y paseas durante veinte minutos, las emociones desaparecerán o se atenuarán.** El resultado será mayor con treinta, cuarenta o sesenta minutos, y también si aumentamos la intensidad del ejercicio, ya sea por la velocidad, por la carga que llevemos o por la dificultad del terreno. Esto se puede aplicar a cualquier tipo de ejercicio físico, desde andar en equilibrio sobre una cuerda hasta mantener relaciones sexuales. Cuando realizamos un ejercicio físico, el cerebro necesita muchos recursos para gestionar el equilibrio y la fuerza, calcular las distancias, esquivar obstáculos, coordinar la respiración, etc. Todo esto hace que no disponga de suficientes recursos para ocuparse de pensamientos complejos, transformando el ejercicio en una meditación en la que el presente tiene más importancia que el pasado o el futuro.

Sociabilizar

Estar con otras personas y establecer comunicación con estas resulta de lo más eficaz para recuperar energía. Al sociabilizar, dejamos de centrarnos en nuestro mundo para abrirnos al mundo de los demás, permitiendo sentir emociones que no son nuestras y son motivadas por las conversaciones. Al hablar, también generamos nuevas ideas, exteriorizamos nuestras emociones y las mezclamos con opiniones y experiencias ajenas; no hace falta contar nuestros problemas ni escuchar los ajenos, simplemente dejar que la conversación fluya y permitirnos hablar de trivialidades, gritar, reír, exagerar, argumentar, etc. Cualquier ejercicio dialéctico modifica nuestra memoria temporal, mezclándose con nuestras ideas y pensamientos presentes. Cada conversación nos enriquece un poquito, modifica ligeramente nuestro estado de ánimo y nos hace pensar de una forma diferente, como si al dialogar la consciencia del otro se entremezclara un instante con nuestra mente dejando una pequeña impronta que modifica nuestro pensamiento y nos hace crecer.

También el sentirse dentro de un grupo, ya sea familiar o externo, ofrece seguridad, confort y sentido de pertenencia, aunque solo sea temporal. No hemos de olvidar que somos animales grupales: toda nuestra historia y tradición se basa en grupos de mayor o menor envergadura; nosotros somos individuos, pero también familiares, amigos, residentes, ciudadanos, hombres o mujeres, humanos y seres vivos. El sentido de pertenencia aleja la soledad de nuestro corazón y nos ayuda a compartir, absorber y mezclar nuestra energía con la de los demás, creando de un entorno más rico, fuerte y estable, que es justamente lo que necesitamos cuando tenemos el autocontrol bajo.

Acicalarse

Es algo que todos sabemos y utilizamos en mayor o menor medida, pero no solo los humanos: existen muchos experimentos y observaciones que confirman que las conductas de acicalamiento son fundamentales para gestionar nuestras emociones y comunicarnos con el grupo al que pertenecemos. Las ratas, por ejemplo, aumentan su rutina de acicalamiento tanto en frecuencia como intensidad cuando se sienten estresadas y los simios se acicalan mutuamente para afianzar lazos y mantener la estabilidad emocional del grupo. A nosotros también nos reconforta una ducha caliente y ponernos guapos o elegantes. Nos acicalamos para nosotros, pero también para los demás; nos vestimos para dejar claro nuestro estatus o nuestro estado de ánimo. Observamos en los demás y en nosotros mismos que la falta de higiene se asocia con un malestar emocional; cortamos nuestro pelo o cambiamos de peinado cuando experimentamos un cambio vital, nos dejamos barba o afeitamos según sea nuestro estado de ánimo; pero el acicalamiento es una técnica en sí mismo y se puede utilizar para cambiar nuestro estado de ánimo y recargar energía.

Cuando no tenemos autocontrol, podemos recuperarlo dedicándonos un tiempo nosotros mismos, cuidando nuestra piel, nuestro pelo, acariciándonos, quitándonos granos, cortando nuestras uñas, depilando nuestro vello, disfrutando de un baño o de un masaje, etc. Por un lado, también supone un ejercicio de precisión y tiene su parte de meditación y, por otro, también le decimos a nuestra mente y a nuestro cuerpo que nos queremos y nos vamos a cuidar.

Hacer cosas que te gustan

Hacer cosas placenteras o que nos produzcan deleite es una forma de cuidar nuestro cuerpo y nuestra alma. Es importante entender que no todas las actividades que nos gustan cumplen esta función: debemos centrarnos en aquellas que incluyan un ejercicio intelectual. Te puede gustar ver la televisión o jugar con un videojuego, pero estas actividades no recargan el autocontrol. Entonces, **¿qué actividades hay que realizar?** La respuesta pasa por nuestra mente, es decir, todo aquello que la active y la aleje de sus pensamientos puede funcionar. Para eso debemos centrarnos en tareas que requieran **aprendizaje, creación y retos intelectuales**: estudiar o aprender algo que nos apasiona como cocinar, también actividades de creación como escribir, pintar, construir, resolver problemas, hacer sudokus, etc. El resto de las actividades puede mejorar nuestro autocontrol, pero, si incluimos el aprendizaje o la creación, la recarga es notablemente más significativa. Leer un libro también afecta positivamente a tu energía, ya que es un ejercicio intelectual; ver un documental de un tema que te apasiona te puede motivar con la misma intensidad que otras actividades intelectuales. El objetivo es mantener tu mente activa de una forma que resulte positiva y aleje por unos momentos los pensamientos que quitan energía.

Incluir cualquiera de estas actividades en nuestro día a día nos pondrá en comunicación con nuestro corazón, nuestra mente y nuestras necesidades. A medida que incorporemos estas actividades a nuestras rutinas diarias, veremos cómo aumenta la energía, el autocontrol y nuestra calidad de vida.

«Es más fácil sufrir que cambiar»: por desgracia, esta afirmación es muy cierta para la mayoría de las personas. La comodidad del sufrimiento se debe a que este se halla dentro de nuestra zona de confort, en la que se incluyen todas aquellas cosas que nos hacen sentir bien, pero también las que nos hacen sentir mal. Como dice el refrán: «Más vale malo conocido que bueno por conocer»; pero ¿de verdad quieres hacer caso a este? ¿Cuánto tiempo llevas sin cuidarte? ¿Cuánto tiempo llevas evitando los problemas? ¿Cuántas cosas te han pasado a causa de esto? ¿Cuántos dolores sientes? ¿Hasta cuándo vas a dejar esa sensación en la garganta, en el pecho o el estómago? En definitiva, ¿cuándo vas a tomar las riendas de tu vida? ¿Cuánto tiempo más vas a seguir así? ¿Qué más le tiene que pasar a tu cuerpo para darte cuenta de que ha llegado momento de cambiar? Mientras no agarras con fuerza esta responsabilidad, tus arterias y venas se encojen, tu corazón se acelera, tu organismo se llena de hormonas que le exigen más y más a tus órganos vitales, los músculos se tensan y contracturan, la piel y el cabello reciben nutrientes insuficientes, el sistema inmune se mantiene en alerta máxima hasta que empieza a atacar al propio organismo, tu sistema digestivo se desestabiliza y se altera tu metabolismo, acidificando la sangre y haciendo que cada célula de tu cuerpo reciba menos de lo que necesita.

Si estás leyendo este libro, es porque algo dentro de ti sabe que **es el momento de actuar.**

¿Qué me hace perder energía?

Hemos visto que esta energía u autocontrol es fundamental para el funcionamiento correcto de nuestro cuerpo y mente, pero también es primordial encontrar las situaciones de nuestra vida que nos hacen perder esta energía tan valiosa. Para ello, vamos a ver las respuestas a las preguntas que se hicieron anteriormente y algunas otras. Cada una de estas está enfocada para identificar conductas o situaciones que te hacen perder energía: te recomiendo dedicar una semana para cada una de ellas, sin mezclar las respuestas; esto hará que te concentres en un solo reto a la vez. Recuerda: cuando estás viendo una película y el héroe o heroína se enfrenta a varios personajes malvados que lo rodean y le atacan de uno en uno, todos nos reímos al ver a todos los «malos» esperando su turno y nos preguntamos por qué no le atacan todos a la vez. Bien, pues ya sabes por qué has de responder solo una pregunta a la semana: porque *nadie* puede con todo al mismo tiempo.

En cada pregunta, incluiré algunas pistas que te ayudarán a solucionar los problemas o, por lo menos, a orientar su solución.

¿Qué problemas o situaciones te suelen quitar más energía durante el día?

Aquí has de incluir todo aquello que te quita energía, ya sea una tontería como «no tener azúcar para el café» o asuntos de mayor importancia como «reconciliarse con un amigo o un familiar». **Analiza durante seis o siete días cada cosa que te molesta,** te hace perder el control, te saca de tus casillas, te callas y has tenido ganas de decir, ves injusto, te produce rabia, tristeza, vergüenza, etc.; anota también cualquier emoción intensa o sensación corporal asociada a la situación, como malestar en el estómago, acidez, nudo en la garganta, nerviosismo, etc. Cada vez que esto sucede, un poquito de tu energía y autocontrol se pierde, aumentando de esta forma tu estrés y provocando las consecuencias explicadas en capítulos anteriores.

Es muy importante analizar todo esto durante seis o siete días: si haces una lista ahora, no podrás ser consciente de en qué momento ha sucedido, tus reacciones físicas y emocionales, y el entorno que rodea a la situación. No es lo mismo que se te caiga el café en casa a que se te caiga, por ejemplo, en la oficina cuando todos están mirando.

Pistas para solucionarlo:

- Intenta analizar en profundidad tus emociones y motivaciones para cada una de las situaciones descritas: has de descubrir la emoción que existe detrás. Por ejemplo: *«No encuentro sitio para aparcar. Esto me molesta porque voy a llegar tarde y me voy a tener que quedar más tiempo la oficina»*. Trata de encontrar la causa y de solucionar el problema a la mayor brevedad posible. La mayoría de estas son del tipo «no enfrentamiento», ya sea por miedo, orgullo, rencor, etc. Suelo usar un refrán para motivar a mis clientes: *«Más vale ponerse rojo una vez que amarillo ciento»*. Ten en consideración cuánta energía estás perdiendo cada día que no resuelves el problema y las consecuencias que está teniendo sobre tu cuerpo.

- Si el problema está relacionado con conflictos con terceras personas que provocan ira, rabia o rencor, te recomiendo el primer libro de esta colección: *¿Cómo eliminar la ira, la rabia y el rencor? Manual rápido para la resolución de conflictos.*

- Si no eres capaz o no sabes enfrentarte a estos problemas, pide ayuda: a tu familia, a tus amigos o a un profesional. Nadie nace sabiendo: existen técnicas muy variopintas para la solución de todo tipo de adversidades.

¿En qué pierdes tu autocontrol nada más despertarte?

En esta respuesta has de incluir los pensamientos que te quitan energía, ya sea por anticipación, preocupación o por recuerdo con nostalgia, arrepentimiento, culpa, tristeza, etc. Es importante incluir los dos grupos: aquellos pensamientos de eventos que desarrollarán en el futuro, en los que se incluyen los de anticipación, preocupación o estrategia, y los pensamientos relacionados con cosas que sucedieron el pasado, desde hace unos minutos hasta la primera infancia. Incluye también todos aquellos pensamientos trascendentales que te generen algún tipo de ansiedad como «¿existe Dios?», «¿Soy mala persona?», etc.

Pistas para solucionarlo:

- Para los pensamientos del pasado es importante solucionar todas las deudas que tienes con otras personas y que aquellas que tienen contigo. Sé directo con la otra persona, muestra tu sincero arrepentimiento o tu necesidad de sentirte restaurado explicándolo con palabras, ya sea verbalmente o por escrito.

- Al igual que en el anterior punto, si el problema está relacionado con conflictos con terceras personas que provocan ira, rabia o rencor, te recomiendo el primer libro de esta colección: *¿Cómo eliminar la ira, la rabia y el rencor? Manual rápido para la resolución de conflictos.*

- Para los pensamientos de futuro, analiza cuál es el origen de esa necesidad de anticipación, qué te motiva a anticiparla. ¿Cuál es tu verdadero objetivo? ¿A qué tienes miedo? ¿A quién no quieres defraudar? ¿A quién quieres agradar? ¿Qué pasa si eso sale mal? ¿Qué consecuencias reales tiene? Estas preguntas te ayudarán a encontrar muchas de las razones que te fuerzan a anticipar los problemas.

- Si no eres capaz o no sabes enfrentarte a estos problemas, pide ayuda: a tu familia, a tus amigos o a un profesional. Nadie nace sabiendo: existen técnicas muy variopintas para la solución de todo tipo de adversidades.

Miedos y control

Haz una lista de cosas que te dan miedo y las conductas que tienes para evitarlas o afrontarlas. Incluye, además, las cosas de las que estás pendiente, como, por ejemplo, *«que esté la cena preparada a las ocho», «que mis zapatos combinen con la corbata», «miedo a la oscuridad»* o cualquier cosa sobre la que ejerzas el control mediante comprobaciones o revisiones, ya que todas ellas ocultan un miedo o una situación que no deseas enfrentar. Por ejemplo: *«si mis zapatos no combinan con la corbata, no voy elegantemente vestido; entonces, si no voy elegante, puede que…».*

Pistas para solucionarlo:

- ¿Las conductas que has descrito son necesarias? ¿Realmente alejan este temor? ¿A qué se debe que tengas ese miedo? ¿A quién no quieres defraudar? ¿A quién quieres agradar? ¿qué pasa en realidad si se cumple lo temido? ¿Con qué probabilidad puede pasar esto? ¿Qué consecuencias reales tiene? ¿Qué no quieres que vuelva a pasar? ¿Crees que, si vuelve a pasar, reaccionarías igual? Estas preguntas te pueden orientar para explicar la causa primordial del miedo, pero quizás no te permitan erradicarlo.
- Si no eres capaz o no sabes enfrentarte a estos problemas, pide ayuda: existen numerosos profesionales especializados en miedos y fobias.

Hábitos perjudiciales

Añade todos aquellos que sabes perjudiciales como el tabaco, el alcohol, las drogas, el juego, etc.; y todos los que crees perjudiciales o piensas que te afectan negativamente como comer demasiado chocolate, acostarse muy tarde trasteando con el ordenador, ver pornografía, etc. Apunta las veces que los realizas durante la semana y el entorno en el que lo haces.

Pistas para solucionarlo:

- La solución más lógica sería dejar el hábito o reducirlo en gran medida. Normalmente, este tipo de hábitos se dan precisamente cuando tenemos el autocontrol bajo y están orientados a reducir la ansiedad. En la sección para recuperar el autocontrol he definido algunas estrategias y alternativas para dejar estos malos hábitos y adquirir nuevas costumbres con mejores resultados.

- Como en otros apartados, si no sabes, pregunta; si no puedes solo, pide ayuda.

Dolores físicos

Identifica todos los dolores físicos que surgen durante una semana: ubica el dolor en el cuerpo, defínelo, valora su intensidad o el poder que tiene sobre ti. Incluye también el entorno en el que ha surgido, como, por ejemplo, una discusión con la pareja, hablar con un amigo o pedir un crédito en el banco.

Pistas para solucionarlo:

- **Dolores físicos con causa médica:** existen tratamientos específicos para gestión del dolor que se abordan desde diferentes disciplinas, desde el tratamiento médico basado en analgesia y bloqueos nerviosos hasta el tratamiento psicológico con técnicas para gestión del dolor. También hay que poner especial atención en la fisioterapia, que ofrece unos resultados excelentes, y en otras técnicas no ortodoxas, pero que ofrecen también soluciones reales. Todo esto pasa también por crear unos hábitos saludables en la toma de analgésicos y entender el entorno psicológico que rodea al dolor. Pongamos que, por ejemplo, has perdido una pierna y sufres de grandes dolores a causa de la cicatriz, los cambios de tiempo y las nuevas posturas que tienes que adquirir para moverte; además, te sientes inútil porque ya no puedes desarrollar tu vida como lo hacías antes y te da vergüenza andar con la muleta de aquí para allá. En este caso, ¿qué te quita más energía? ¿Pierdes más por el dolor físico resultado de la pérdida de la pierna o por las emociones que conlleva la situación? En la mayoría los casos, el dolor físico está rodeado de múltiples emociones y sentimientos que no se han gestionado correctamente y que son la causa real de la limitación y de la pérdida energética.

- **Dolores físicos sin causa médica:** suelen estar causados por somatización de ciertos pensamientos o emociones. Un problema se somatiza cuando el cuerpo reacciona físicamente a una preocupación o una carga psicológica; por ejemplo, los dolores de cuello, hombros y espalda suelen estar relacionados con una carga emocional, es decir, porque estas soportando un peso o responsabilidad que crees que no es tuya y pertenece a otra persona. Esto pasa por un sistema de anticipación del cuerpo: cuando te dicen que levantes un saco de veinticinco kilos, tu organismo se prepara tensando las cadenas musculares necesarias para realizar la tarea. Si tienes un problema que consideras una carga de una u otra forma, el cuerpo anticipa el levantamiento de ese saco imaginario mediante los mismos grupos musculares que usarías para levantar el saco real; el cuerpo no diferencia entre un saco real y otro imaginario. Esto también sucede por tener una deuda emocional que llevas cargando hace tiempo: los dolores de estómago y de intestino suelen venir por «tragarte» pensamientos u opiniones, el nudo en la garganta por no comunicar tus opiniones, etc. Estos que he nombrado no son así para todas las personas: cada uno tiene su forma especial de somatizar; por eso es importante localizar el dolor y asociarlo a una situación y a una o varias personas, ya que, haciendo esto, identificaremos la emoción que estamos somatizando y nos será más fácil eliminar o reducir ese dolor mediante la gestión de ese conflicto.

- Si no eres capaz o no sabes enfrentarte a estos problemas, pide ayuda a un profesional.

Sueños repetitivos, impactantes o pesadillas

Apunta todos aquellos sueños que te hayan resultado impactantes, ya sea por la intensidad emocional, la temática o la repetición en el tiempo.

Pistas para solucionarlo:

- Los sueños repetitivos o impactantes suelen ser el resultado de conflictos o situaciones no resueltas: es la forma en la que nuestro inconsciente intenta resolver la encrucijada en la que se haya una parte de nuestra psique. Pero ¿cómo saber a qué problema se refiere? La interpretación de los sueños ha de ser siempre subjetiva, es decir, nadie excepto tú puede interpretarlo. ¿Qué sientes en el sueño? ¿Qué está pasando? Para entenderlo, has de abstraerte de la situación, los objetos y los personajes. En los sueños no importan los elementos, sino lo que sientes por ellos:

puedes soñar con un «paquete de tabaco» y sentir que has de protegerlo porque te lo quieren quitar. Entonces, ¿qué hay en tu vida que estás defendiendo? ¿Quién crees que te quiere quitar algo tuyo? Como ves, ignoramos el concepto «paquete de tabaco» y nos centramos en el contenido del mensaje. No hay que darle sentido al objeto o persona, sino al sentimiento y la sensación que tienes durante la experiencia.

- Como en otras ocasiones, ante la duda o incapacidad, pide ayuda a un profesional.

Mandatos internos

Un mandato interno es un mensaje que rige nuestra conducta y forma de actuar; por ejemplo: *«es mejor que yo soporte la carga, que soy fuerte, para que no la soporte mi madre, que es más mayor»*. Bajo ese mandato, puedes realizar un gran número de actividades que quizás no te correspondan, **pero que no puedes dejar de hacer**. Apunta todas aquellas conductas que no quieres hacer, haces por obligación o te sientes forzado a realizar, desde ver a los amigos hasta visitar a tus tíos o sacar al perro. Fíjate en todas aquellas cosas que haces porque sientes que, si no las haces tú, no las hace nadie y es necesario que estén hechas.

Pistas para solucionarlo:

- Los mandatos internos suelen ser el resultado de daños emocionales, traumas, lealtades familiares, promesas, necesidad de proteger a una tercera persona o evitar un daño sobre nosotros mismos. En caso de **hacer las cosas para otra persona,** la mejor solución es preguntarle abiertamente a esta si quiere el esfuerzo o sacrificio que estamos haciendo, explicando con claridad las consecuencias que ese esfuerzo tiene para nosotros. Por ejemplo: *«Mamá, ¿quieres que yo te haga la compra?»*. Habitualmente la respuesta suele sorprender: *«Pues la verdad es que no me gusta, me hace sentir una inútil y es el único momento del día en que puedo hablar con la gente»*. Muchas de las cosas que hacemos sin preguntar al interesado pueden estar generando situaciones incómodas y más daño que beneficio. Como dice el refrán: *«El que hace todo lo que puede, muchas veces hace lo que no conviene»*. Si lo que haces es para tu interés, pero estás cansado de hacerlo, ¿por qué razón sigues con la tarea? ¿Qué intentas evitar? ¿Qué puede pasar si no lo haces? Realizamos cientos de tareas por costumbre: lo hacíamos cuando teníamos diez años para que mamá no se enfadase y lo seguimos haciendo ahora con cuarenta a pesar de que no le vemos la utilidad; ya no está ahí, ya no está mamá para regañarte, ahora puedes hacer lo que quieras.

- Identificar estos mandatos y solucionarlos no es una tarea fácil, pero eso no implica que no se pueda hacer. Muchas personas empiezan la terapia diciendo: *«Yo soy así»*, *«No voy a cambiar a estas alturas»*, *«Siempre he sido así»*, etc. Pero nada más lejos de la realidad hay algo que te obliga a ser así y, si ya no te gusta, puedes cambiarlo.

- Si no eres capaz de entender el porqué de ciertas actitudes o conductas, consulta con un profesional. Yo particularmente lo trabajo con terapia regresiva con excelentes resultados.

Los mandatos son órdenes que guarda nuestro inconsciente para adecuarse a las diferentes situaciones según nuestra experiencia vital. Por ejemplo, si yo tengo un mandato de ser limpio, actuaré en consecuencia y recogeré la mesa, no tiraré basura a la calle, tendré ordenada la casa, etc. Los mandatos también actúan como guía ante ciertas situaciones y se expresan conscientemente como pensamientos del tipo: *«Ahora tengo que hacer…»*, *«Ahora con cuidado»*, *«Venga, ahora vamos a terminarlo»*, *«Espera un poco»*, *«Venga, que terminas enseguida»*, *«Cinco minutos más y luego hago la comida»*, etc. Gracias a estas frases, podemos identificar con claridad el origen de estos mandatos.

Existe un proceso de interiorización del lenguaje que sucede principalmente durante la infancia: durante este recogemos las palabras de nuestro entorno y, en primer lugar, las verbalizamos en voz alta para, poco a poco, hacerlo interiormente. Esto se puede ver en un niño al que le damos de comer y le decimos frases como: *«Siéntate bien»*, *«Ahora nos comemos la fruta»*, *«Ten cuidado y no te manches»*, etc. Normalmente, el niño hará lo mismo con sus muñecos reproduciendo las frases que ha escuchado sus padres y, poco a poco, veremos que mueve la cabeza mientras parecen recitar las frases en su interior; finalmente, cuando el lenguaje está interiorizado, deja de haber una manifestación externa y se convierte en un pensamiento puro que nos guía también en la etapa adulta. En muchas ocasiones, podemos responder con cierta facilidad ante esta pregunta: **¿quién te decía eso de «venga, que terminas enseguida»? ¿Quién**

está hablando cuando dices eso? *«Me lo decía mi padre cuando yo no quería estudiar más».*

Los mandatos, por tanto, son frases que hemos interiorizado, pero también son pensamientos puros que no hemos llegado a verbalizar y gobiernan nuestra vida; por ejemplo, si yo de pequeño he visto a alguien que ha cruzado la calle sin mirar y ha sido atropellado, generaré mandatos internos que me digan: *«Es peligroso cruzar sin mirar», «Es importante estar atento a la carretera».* Los mandatos también se generan durante situaciones traumáticas, por ejemplo, si mi mamá está enferma, puedo decir: *«No quiero que mamá se muera».* Todos estos mandatos se van acumulando en el inconsciente y nos guían para solucionar las situaciones vitales. Finalmente, acabo actuando con miedo a que se muera mi madre, conduciendo con mucha precaución y aguantando las ganas de orinar para, como decía mi papá, *«terminar enseguida».*

Los mandatos cumplieron una función en el pasado, pero «ya no soy quien fui» y el mandato funcionaba porque nuestro *yo anterior* no sabía hacerlo de otra forma, no entendía una forma mejor para cumplir sus objetivos. Un mandato es un programa que dicta la forma de funcionamiento de nuestra mente, pero es como un programa de contabilidad: si no se actualiza, llega a ser inservible con el tiempo. Cada año cambian las leyes y cada año los programas de contabilidad se tienen que actualizar: un programa de 1980 sería completamente incompatible con la legislación vigente e incluso con los ordenadores actuales, pues pasa lo mismo con un mandato de cuando éramos niños. En nuestra infancia no sabíamos cómo funcionaba la vida y tomábamos decisiones o nos programábamos para hacer las cosas de cierta manera: *«Si no me prestan atención, me enfado y me hacen caso»*, *«Si no me dejan participar en el juego, me guardo mis emociones y me voy a jugar solo»*, *«Si tengo miedo, le pido a mi hermano mayor que me proteja»*. Pero estas decisiones están tomadas con los ojos y la experiencia de un niño de cinco años y, en la mayoría los casos, suelen seguir dirigiendo la vida de los adultos.

Los mandatos limitan tu mundo: limitan tu capacidad de acción, tu ambición, tus expectativas, tus sueños, etc. Cuando deseas hacer algo y existe una sensación en tu cuerpo que te hace sentir mal con solo pensarlo, seguramente es un mandato que te impide hacerlo. También, si no deseas hacer una cosa, pero te ves obligado a asumir lo que tú crees que es tu destino, estás perdiendo muchísima energía, muchísimas oportunidades y poniendo en la sopa los ingredientes necesarios para que salga un delicioso caldo de estrés y ansiedad. Acabar con los mandatos te hará más libre y feliz.

Soluciones rápidas que no funcionan

Beber, fumar, comer, jugar a videojuegos, ver la tele, navegar por internet, pasarte el día con redes sociales, consumir drogas, etc.: hay un montón de actividades que parecen funcionar, pero la sensación solo dura unos instantes y te obligan a seguir manteniendo la conducta con la esperanza de que con *un poco más* funcionará. Todo esto es una trampa de evitación: mediante estas acciones evitamos enfrentarnos al problema, generando *a posteriori* culpabilidad, frustración, impotencia, baja autoestima, tristeza y adicciones. Haz una lista con todas las actividades que realizas que cumplan con esta definición.

Pistas para solucionarlo:

- Cambiar poco a poco estas conductas por aquellas descritas en la sección de recuperar energía. Este tipo de comportamientos se debe al aprendizaje, ya sea personal o vicario (a través de otra persona): si hace años, la primera vez que te sentiste mal, evitaste el conflicto y la situación se solucionó o pareció solucionarse, ya sea por olvido o por ocultación, tu mente tiende a usar el camino de la evitación para la solución de conflictos. Esto es similar a meter lo barrido bajo la alfombra: parece limpio, pero no es así. El objetivo entonces es aprender a enfrentarse a los problemas y buscar maneras sanas de solucionarlos.
- Recuerda que todo se puede reaprender. Si no sabes, pide ayuda: la terapia cognitivo conductual es muy útil. Personalmente, yo la uso junto con terapia regresiva.

Heridas emocionales no resueltas

La culpa, el duelo, el arrepentimiento, la venganza, la tristeza o el resentimiento son algunas de las emociones asociadas a situaciones pasadas en las que existe un conflicto no resuelto. Este tipo de emociones suelen generar pensamientos recurrentes e insistentes, así como conductas diseñadas para anticipar, predecir o evitar el daño. Suponen un profundo agujero negro en nuestra psique cuya capacidad de absorción de energía parece no tener fin; son demonios poderosos e insaciables que siempre piden más y van consumiendo tu energía y tu alma poco a poco. Normalmente, estas heridas emocionales están constantemente activas o aparecen furtivamente en la mente como pensamientos rápidos que producen malestar; haz una lista con todas ellas.

Pistas para solucionarlo:

- Este tipo de situaciones tienen su origen en un evento con una importante carga emocional que no se pudo, no se quiso o no se supo gestionar en el momento. Su origen, en muchas ocasiones, está en la infancia o adolescencia y requieren un tratamiento psicológico para, por un lado, destaparse y hacerse consciente, y, por otro, ser gestionado adecuadamente para que no siga afectando a la vida. Ten en cuenta que tendrás que abrir tu corazón al profesional con el que vayas a trabajar y eso no es fácil: en muchas ocasiones, lo que ocultamos nos avergüenza y es importante encontrar uno que no juzgue el acto y simplemente guíe la sanación. Te recomiendo buscar profesionales de los que puedas tener referencias, ya sea por el tratamiento a familiares o amigos. Recuerda también que tú no eres la misma persona que vivió esa experiencia: ahora eres más sabio, más consciente y estás preparado para tomar la responsabilidad y sanar el daño.
- Yo, para este tipo de problemas, suelo trabajar con terapia regresiva con unos excelentes resultados; te recomiendo buscar un profesional que trabaje con esta técnica. Deja de evitar el problema: mientras no le hagas caso va a seguir ahí reclamando tu atención, drenando tu energía, y cada vez va a ser más difícil gestionarlo. Ánimo, después te sentirás mejor.

Conflictos sin resolver y personas tóxicas

Parece que actualmente estos conceptos están bastante ligados. Si tengo un conflicto con una persona y cada vez que la veo acabo sufriendo, tiendo a echarle la culpa. Esto en parte es lógico: yo estaba bien hasta que esa persona llegó, yo estaba bien hasta que esa persona hizo aquello, yo era feliz hasta que esa persona llegó a mi vida; esa persona entonces, por definición, es tóxica para mí; pero esto está muy lejos de la realidad. Como expongo en el primer título de esta colección, *¿Cómo eliminar la ira, la rabia y el rencor? Manual rápido para la resolución de conflictos*, lo que reconocemos en la otra persona lo hacemos porque ya lo conocemos, es decir, ya existe en nuestro corazón. Una persona cuya forma de ser resulta tóxica para mí hace patente que soy sensible a esa toxicidad.

Un día, Buda entra en un pueblo acompañado por sus seguidores. En el pueblo, hay un hombre que le escupe a la cara. Uno de sus discípulos se ofrece para devolver el ataque. Buda no parece alterado ni con ganas de defenderse, al contrario, agradece al hombre ya que con ese ataque Buda ha descubierto que ya no tiene ira en su corazón y también su discípulo ha averiguado que todavía la tiene.

Con este cuento no te pido que seas como Buda, sino que entiendas que, cuando alguien hace algo y tú te sientes agredido, es porque en tu corazón eres sensible a esa conducta. Debes de entender por qué tu corazón se siente así y al hacerlo dejarás de ser esclavo de esa sensación. Las personas *tóxicas* consiguen sacar a la luz nuestros peores defectos y nuestro lado oscuro; eso da miedo, pero también es una brújula para saber qué debemos de sanar para estar mejor. Cuando un amigo te dice que ha ido a un fisioterapeuta que le ha dejado el cuerpo nuevo, tú le pides que te deje su contacto por si lo necesitas en un futuro; pues con una persona tóxica debería ser igual. Guarda su contacto y coincide con él o ella en alguna ocasión, así sabrás si estás sano o no. En el momento en que la persona deje de ser tóxica, será porque tú habrás sanado la herida que te hacía sensible a su conducta. Empieza por hacer un listado de las personas tóxicas, tus reacciones cuando te las encuentras, a que se debe que las encuentres tóxicas, las maldades que te han hecho y también a quién te recuerdan ellas o sus actitudes.

Pistas para solucionarlo:

- Tienes que descubrir cuál es tu sensibilidad y por qué te afecta tanto esa persona o forma de ser. En el primer libro de esta colección, *¿Cómo eliminar la ira, la rabia y el rencor? Manual rápido para la resolución de conflictos*, propongo un protocolo para identificar estos daños emocionales. Te recomiendo que, una vez identificado el problema, busques un profesional para ayudarte a gestionar mejor todas las emociones y las conductas que lo rodean. Una vez hayas sanado, descubrirás que el mundo es más bonito de lo que creías y podrás agradecer a la persona tóxica todo lo que ha hecho por ti con su sola presencia.

Recuperando el control

Hemos visto las formas en las que perdemos esta valiosa energía y también formas para recargarla, pero no hemos explicado aún la herramienta fundamental para conseguir un equilibrio entre la pérdida y la recarga. Pero, antes de continuar, has de contestar a esta pregunta: **¿quién es la persona que te va a acompañar toda tu vida?** La única que va a estar contigo hasta el final de tus días eres tú, de forma que la máxima lealtad debe ser hacia ti mismo: este es el principio de la asertividad, de la defensa de uno mismo, de la defensa de tu cuerpo y tu salud, de la defensa de tus intereses, tus inquietudes, tus objetivos, tus sueños y tu tiempo.

Tienes el derecho y la obligación de cuidar de ti mismo, incluso si lo que tú quieres es cuidar de los demás. Hay un ejemplo que todos conocemos que explica muy bien este concepto; recuerda lo que se explica en los aviones en caso de descompresión: *«Póngase Ud. primero la mascarilla de oxígeno y luego póngasela a los demás»*; esta corta frase expone claramente que si tú no estás bien, no puedes ayudar a otros. El objetivo principal es que tú estés bien y es solo tu responsabilidad, al igual que estar bien es la responsabilidad individual de las otras personas.

La asertividad simplemente consiste en expresar tus necesidades y, para ayudarte identificarlas, incluyo una lista de derechos que tenemos todos los seres humanos:

- tienes derecho a ser tratado con respeto y dignidad;

- tienes derecho a equivocarte, porque todos cometemos errores y no por ello te tienes que sentir avergonzado;
- tienes derecho a decir no sin sentirte culpable o egoísta;
- tienes derecho a pedir lo que quieras o necesites;
- tienes derecho a pedir ayuda;
- tienes derecho a tener y expresar tus propias opiniones;
- tienes derecho a interrumpir y a pedir información, explicaciones y aclaraciones;
- tienes derecho a detenerte y pensar antes de actuar;
- tienes derecho a experimentar y expresar tus propios sentimientos, y a no ser juzgado al hacerlo;
- tienes derecho a tener tus propias expectativas y necesidades, y que estas sean tan importantes como las de otras personas;
- tienes derecho a no satisfacer las necesidades y expectativas de otras personas, y comportarte siguiendo tus propios intereses, sin sentirte culpable o egoísta;
- tienes derecho a no anticiparte a los deseos y necesidades de los demás y a no tener que intuirlos;
- tienes derecho a protestar y a defenderte cuando te agreden o se te trata injustamente;
- tienes derecho a sentir y expresar el dolor y tus sentimientos;
- tienes derecho a elegir entre responder o no hacerlo;
- tienes derecho a cambiar de opinión o tu forma de actuar;
- tienes derecho a cometer errores, a aprender de ellos y a crecer y madurar;

- tienes derecho a llevar tu vida como mejor te parezca y no justificarte ante los demás;
- tienes derecho a hacer menos de lo que eres capaz de hacer;
- tienes derecho a decidir qué hacer con tu dinero, tus propiedades, tu cuerpo, tu tiempo, etc.;
- tienes derecho a gozar y disfrutar;
- tienes derecho a descansar y aislarte cuando así lo decidas;
- tienes derecho a tener éxito y superarte, incluso si al hacerlo superas a los demás.

Ejercer cada uno de estos derechos hace que no pierdas energía y mantengas «cargado» tu autocontrol. Fíjate en todo las cosas que has descubierto que te quitan energía y verás que cada una de ellas vulnera uno o varios de estos derechos. Conocerlos y defenderlos te hace sentirte más fuerte, íntegro y saludable, protegiendo tu psique y tu organismo de las adversidades.

Estos derechos se pueden dejar de ejercer o ceder a terceras personas y, de ser así, se convierten en un regalo hacia alguien: *«Yo renuncio a este derecho por ti»*. El destinatario debe de saber y entender que es un regalo, el esfuerzo que te supone y la duración de la cesión: *«Yo renuncio a este derecho por ti durante este tiempo y por estas razones»;* esto último es importante porque parece que, al ceder un derecho, lo cedes para siempre; pero no es así. Además, no se pueden regalar directamente: primero, la persona que lo recibe debe necesitarlo, ser consciente del coste que te supone y, sobre todo, **tiene que haberlo pedido**. Si no es así, le estamos robando a la otra persona su derecho a llevar su vida como mejor le parezca y el derecho a cometer errores y aprender de ellos. Por ejemplo, yo puedo ceder mi derecho a gozar y disfrutar para ayudarte a hacer una mudanza pero, si no me lo has pedido y, además, tú desconoces en qué habría dedicado ese tiempo en caso de no ayudarte, se convierte en un regalo vacío que parece no tener ningún valor.

Cuando regalamos alegremente nuestros derechos, les estamos quitando su valor y se convierten en altruismo. Por un lado, los destinatarios sienten que lo haces por no tener nada mejor que hacer, porque te aburres, etc.; y por otro, esperarán que lo vuelvas a hacer y se molestarán cuando te niegues a hacerlo en otra ocasión. Todo esto se entiende muy bien con este ejemplo:

Todos los días, cuando vamos al colegio, le llevo la mochila a mi hijo. Mi hijo nunca me lo ha pedido, pero yo entiendo que es un peso demasiado grande para sus hombros y decido hacerlo. Pasado el tiempo, cuando yo considero que sus hombros son lo suficientemente fuertes, le hago llevar su propia mochila. Entonces, mi hijo se enfada y quiere que la lleve yo. Demuestra su enfado arrastrando la mochila, agachando los hombros, haciendo ver que es una carga muy pesada para él, etc. Exige lo que considera un derecho y una obligación por mi parte.

Cuando le coges la mochila a una persona o cargas con su responsabilidad, solo pueden pasar dos cosas: que te canses por llevar una carga que no es tuya o que la otra persona se enfade cuando se la devuelvas. Para que esto no suceda, es importante que nos pidan ayuda antes de ofrecerla o, en caso contrario, que dejes patente lo que te supone ofrecer esa ayuda y el tiempo que la vas a ofrecer. Imaginemos que en el ejemplo anterior hubiese pasado esto: *«Esta mochila hoy es muy pesada para ti porque eres pequeñito: te la voy a llevar hasta la esquina y luego la llevas tú, que a papá también le pesa. Cuando cumplas tres años, ya serás mayor y la podrás llevar tú solo»*; o también: *«Esta mochila está muy cargada: como tú eres pequeñito, voy a sacar algunas cosas y te voy a ayudar a llevarlas, pero, cuando tengas tres años, ya vas a ser muy fuerte y vas a llevar tú todo»*. La diferencia es importante y en estos hacemos patente la cesión y, además, le ponemos un límite, de forma que me será muy fácil dejar de ceder ese derecho.

A todos los derechos citados hay que añadirle: «... y los demás también los tienen»: de esta forma, entenderemos completamente la responsabilidad individual tanto propia como ajena.

Si has descubierto que estás regalando tus derechos a todo el mundo, mi recomendación es que los recuperes cuanto antes, pero siempre entendiendo que la otra persona puede estar acostumbrada a recibirlo y seguramente no te lo pidió la primera vez. Si se lo has regalado sin explicar nada, ha sido tu responsabilidad no haber ejercido tu derecho y, antes de dejar de hacerlo, deberías explicarle tus razones, el esfuerzo que te supone y pedirle disculpas por haberle quitado su derecho a evolucionar sin tu ayuda. En muchas ocasiones, incluso tendrás que quitarlo poco a poco mientras que la otra persona aprende a coger esa responsabilidad. Por ejemplo, si yo siempre he preparado la comida a mis hijos y estos están acostumbrados y, además, no saben cocinar, el proceso sería este:

Os tengo que decir algo: ya no puedo seguir haciendo la comida. Ahora, con mi nuevo horario, me supone un esfuerzo muy grande y siempre ando con prisas: me siento cansada y, además, no tengo tiempo para cuidarme. Antes lo hacía porque erais muy pequeños y se convirtió en una costumbre. Tampoco me molesté en enseñaros a cocinar y os he hecho dependientes de mí. Os pido perdón porque era mi responsabilidad cortar esa dependencia y enseñaros a cocinar. Si queréis, durante los próximos tres meses os puedo enseñar a cocinar en el tiempo que dedicaba a haceros la comida.

Este párrafo permite un tránsito adecuado en el cambio de responsabilidades y en la recuperación de los derechos, y es fundamental para que tú recuperes la energía y para que la otra persona comprenda y no se enfade.

Siguiendo los consejos de este manual, verás cómo recuperas el autocontrol y poco a poco lo notarás en tu organismo. Si hay algún punto que no consigues solucionar, pide ayuda: nadie nace sabiendo. Pedir ayuda no es de débiles, es de sabios que conocen y aceptan sus límites.

www.ingramcontent.com/pod-product-compliance
Lightning Source LLC
Chambersburg PA
CBHW031224160726
47992CB00006B/2879